BEI GRIN MACHT SICH IH... WISSEN BEZAHLT

- Wir veröffentlichen Ihre Hausarbeit, Bachelor- und Masterarbeit

- Ihr eigenes eBook und Buch - weltweit in allen wichtigen Shops

- Verdienen Sie an jedem Verkauf

Jetzt bei www.GRIN.com hochladen
und kostenlos publizieren

Jörg Lonthoff, Thilo Planz

E-Commerce-Trends in Banken

GRIN Verlag

Bibliografische Information der Deutschen Nationalbibliothek:

Die Deutsche Bibliothek verzeichnet diese Publikation in der Deutschen National-
bibliografie; detaillierte bibliografische Daten sind im Internet über http://dnb.d-
nb.de/ abrufbar.

Dieses Werk sowie alle darin enthaltenen einzelnen Beiträge und Abbildungen
sind urheberrechtlich geschützt. Jede Verwertung, die nicht ausdrücklich vom
Urheberrechtsschutz zugelassen ist, bedarf der vorherigen Zustimmung des Verla-
ges. Das gilt insbesondere für Vervielfältigungen, Bearbeitungen, Übersetzungen,
Mikroverfilmungen, Auswertungen durch Datenbanken und für die Einspeicherung
und Verarbeitung in elektronische Systeme. Alle Rechte, auch die des auszugsweisen
Nachdrucks, der fotomechanischen Wiedergabe (einschließlich Mikrokopie) sowie
der Auswertung durch Datenbanken oder ähnliche Einrichtungen, vorbehalten.

Impressum:

Copyright © 2001 GRIN Verlag GmbH
Druck und Bindung: Books on Demand GmbH, Norderstedt Germany
ISBN: 978-3-638-72098-4

Dieses Buch bei GRIN:

http://www.grin.com/de/e-book/8512/e-commerce-trends-in-banken

GRIN - Your knowledge has value

Der GRIN Verlag publiziert seit 1998 wissenschaftliche Arbeiten von Studenten, Hochschullehrern und anderen Akademikern als eBook und gedrucktes Buch. Die Verlagswebsite www.grin.com ist die ideale Plattform zur Veröffentlichung von Hausarbeiten, Abschlussarbeiten, wissenschaftlichen Aufsätzen, Dissertationen und Fachbüchern.

Besuchen Sie uns im Internet:

http://www.grin.com/

http://www.facebook.com/grincom

http://www.twitter.com/grin_com

TECHNISCHE UNIVERSITÄT DARMSTADT

Fachbereich 1

RECHTS- UND WIRTSCHAFTSWISSENSCHAFTEN

Fachgebiet Wirtschaftsinformatik II (Betriebliche Kommunikationssysteme)

Bankinformatikseminar – Thema D1: E-Commerce-Trends in Banken

Jörg Lonthoff [1]   Thilo Planz [2]

5. Juli 2001

[1]TU Darmstadt, Fachbereich Rechts- und Wirtschaftswissenschaften

[2]TU Darmstadt, Fachbereich Rechts- und Wirtschaftswissenschaften

Zusammenfassung

Gegenstand der vorliegenden Seminararbeit ist die Analyse der Auswirkungen der rasanten technischen Entwicklungen auf dem Gebiet der Informationsverarbeitung für die traditionellen Bankinstitute. Die Autoren geben einen Überblick über die wesentlichen Aspekte des sogenannten E-Commerce, wobei sie einer breit angelegten Diskussion den Vorzug vor der Abhandlung technischer Detailfragen gegeben haben.

Im einzelnen beschäftigen sich die Verfasser mit E-Commerce-Produkten (Online-Banking, Online-Brokerage, Public-Key-Infrastrukturdienstleistungen, elektronischen Bezahlverfahren und IT-Dienstleistungen), neuen Geschäftsmodellen (elektronische Märkten und Portalen), der veränderten Wettbewerbssituation im Bankenumfeld und E-Commerce-Instrumenten (Customer Relationship Management, Prozeßoptimierung und der Bankinformatik).

Inhaltsverzeichnis

Tabellenverzeichnis

Kapitel 1

Einleitung

Im Zeitalter des Internets ist es für Unternehmen wichtig zu wissen, welche Potentiale dieses Medium für ihre Produkte bietet. Sogenannte digitale Produkte, die ohne jegliche physische Distribution vertrieben werden können, bieten ein besonders hohes Kostensenkungs- und Umsatzsteigerungspotential [Mefe00, S. 928f].

In dieser Arbeit beschäftigen sich die Autoren mit E-Commerce-Trends in Banken. Im Finanzsektor werden fast ausschließlich digitale Produkte vertrieben. Es ist für jede einzelne Bank eine Überlebensfrage geworden, wie sie das Internet effizient nutzen kann. Daher ist es notwendig, sich abzeichnende Trends rechtzeitig zu erkennen, eingehend zu untersuchen und in ihrer Realisierbarkeit richtig einzuschätzen. Im Rahmen dieser Seminararbeit werden einige Trends aufgezeigt. Es wird dabei auch auf Chancen und Risiken eingegangen.

Die Arbeit ist so angelegt, daß zunächst eine begriffliche Definition von E-Commerce gegeben wird und danach die relevanten E-Commerce-Produkte vorgestellt werden. Im Anschluß daran folgt eine Gegenüberstellung der durch das Internet neu aufgekommenen Geschäftsmodelle und der klassischen Universalbank. Das nächste Kapitel beschäftigt sich mit Veränderungen im Marktumfeld. Im vorletzten Kapitel greift die Diskussion von E-Commerce-Instrumenten noch einige eher technisch orientierte Fragestellungen auf, bevor abschließend ein zusammenfassendes Fazit folgt. Im Anhang finden sich ein kurzer Abriß der Entstehungsgeschichte des Internets, eine Einführung in digitale Signaturen und ein umfangreiches Abkürzungsverzeichnis.

Identifikation von Trends

Dem Titel der Arbeit entsprechend identifizieren die Verfasser eine Reihe von Trends, auf die jeweils durch einen besonderen Drucksatz aufmerksam gemacht wird.

Der Text entstand als Seminararbeit im Rahmen des Seminars „Ausgewählte Kapitel der Bankinformatik", das im Juli 2001 am Fachgebiet Wirtschaftsinformatik II (Betriebliche Kommunikationssysteme) der Technischen Universität Darmstadt von Professor Dr. H. J. Petzold in Zusammenarbeit mit mehreren Bankinstituten gehalten wurde.

Die Autoren bedanken sich bei Professor Dr. Z. Sokolovsky für die tatkräftige Unterstützung in Form von wertvollen Informationen aus der betrieblichen Praxis der Dresdner Bank, sowie bei Dr. Susanne Strahringer, die diesen Seminarbeitrag von seiten des Lehrstuhls betreut hat.

Kapitel 2

Begriffliche Definition von E-Commerce

Wie bei den meisten Schlagworten üblich, gibt es auch zum Begriff „E-Commerce" (als Kurzform für Electronic Commerce) die unterschiedlichsten Definitionen, beispielsweise die folgenden:

- „Jede Art von geschäftlichen Transaktionen, bei denen die Beteiligten auf elektronischem Wege miteinander verkehren (Kommunikation und Austausch von Daten) und nicht durch physischen Austausch oder indirekten physischen Kontakt." (Internet Business, 1997)

- „Die umfassende, digitale Abwicklung der Geschäftsprozesse zwischen Unternehmen und deren Kunden über öffentliche und private Netze."

- „Das Geschäftsprinzip der automatisierten, kompletten Geschäftsabläufe zwischen Organisationen, Anbietern und Käufern. Dies gilt für Abfrage von Informationen bis hin zur Produktbestellung und von der Rechnungsstellung bis zur Bezahlung und Auslieferung." (Aberdeen Group)

Im Gegensatz zu diesen intensionalen Definitionen stehen extensionale Definitionen wie die folgende, die versucht, E-Commerce über die Summe seiner Technologien und Verfahren zu beschreiben:

- E-Commerce ist „der Einsatz von Kommunikationsprotokollen, Sicherheitsinfrastrukturen, digitalem Geld, Electronic Shopping-Malls, elektronischem Datenaustausch, Smart Cards, mobilen und/oder intelligenten Agenten, Verhandlungsprotokollen und -strategien, elektronischen Notaren, Zertifizierungsautoritäten, interorganisationalem Workflow-Management, elektronischen Verträgen und vielen weiteren Technologien zur Anbahnung und Durchführung von Handelstransaktionen im Internet." [Merz99, S. 19]

3

Eine solche Definition ist greifbarer, aber es stellt sich das Problem ihrer Vollständigkeit. Auffällig an der obigen Definition ist die explizite Erwähnung des Internets. Dieser weltumspannende Rechnerverbund hat in der Tat die Entwicklung des elektronischen Datenaustauschs in den letzten Jahren exponentiell beschleunigt. Der Hauptgrund hierfür besteht darin, daß das Internet auf offenen Standards aufbaut und es somit möglich wurde, durch Überwindung der proprietären Datenformate der verschiedenen Hardware- und Softwarehersteller heterogene Rechnerplattformen miteinander zu verbinden. Ein kurzer Abriß zur bisherigen Geschichte des Internets findet sich im Anhang dieser Arbeit.

Man kann nicht bestreiten, daß bereits vor dem Aufkommen des Internets E-Commerce betrieben wurde. Hier ist vor allem der EDI-Standard zu nennen, mit dem Großunternehmen – insbesondere solche mit hohem Automatisierungsgrad – bereits seit den 70er Jahren auf elektronischem Wege Geschäftsprozesse abwickeln. Als Beispiele hierfür sind SEDAS im deutschen Handel (1977) und VDA in der deutschen Automobilindustrie (1978) zu nennen [HäPeSt00, S. 460]. Aufgrund der unbestreitbaren Vorteile des Internets, allen voran die Möglichkeit, daß auch kleinere Unternehmen und sogar Privatpersonen daran teilnehmen können, entfaltet sich jedoch jetzt erst das volle Entwicklungspotential des E-Commerce. Durch Nutzung des Internets wird E-Commerce in den nächsten Jahren den klassischen Geschäftsverkehr revolutionieren.

Die Autoren halten die Hinwendung zum Internet und zu sonstigen offenen Technologien für so bedeutend, daß sie bereits an dieser Stelle den ersten Trend konstatieren:

Trend zu offenen Standards und dem Internet

In der gesamten elektronischen Datenverarbeitung ist die Hinwendung zu offenen Standards zu erkennen. Hierdurch wird Interoperabilität heterogener Plattformen ermöglicht und die Abhängigkeit von einzelnen Technologieanbietern vermindert.

B2B und B2C Je nach Beschaffenheit der Marktteilnehmer (Anbieter und Nachfrager) kann man neun verschiedene Ausprägungsformen des E-Commerce unterscheiden [HeSa99, Zerdi01], die in Tabelle 2.1 dargestellt sind.

		Nachfrager		
		Consumer	**Business**	**Administration**
Anbieter	**Consumer**	**Consumer-to-Consumer** z. B. Auktion wie E-Bay, Kleinanzeigen wie AutoScout24	**Consumer-to-Business** z. B. Jobbörsen mit Anzeigen von Arbeitssuchenden	**Consumer-to-Administration** z. B. Einkommensteuer, Wohnsitzanmeldung
	Business	**Business-to-Consumer** z. B. Kundenbestellung bei Amazon	**Business-to-Business** z. B. E-Procurement (Bestellung bei Zulieferer)	**Business-to-Administration** z. B. Steuerabwicklung von Unternehmen (Umsatzsteuer, Körperschaftssteuer etc.)
	Administration	**Administration-to-Consumer** z. B. Abwicklung von Unterstützungsleistungen (Arbeitslosenhilfe etc.)	**Administration-to-Business** z. B. Beschaffung für öffentliche Institutionen (Büromaterial, Hardware)	**Administration-to-Administration** z. B. Transaktionen zwischen öffentlichen Institutionen im In- und Ausland

Tabelle 2.1: Transaktions- und Marktbereiche des E-Commerce
Je nach Beschaffenheit der Marktteilnehmer (Anbieter und Nachfrager) kann man neun verschiedene Ausprägungsformen des E-Commerce unterscheiden [Zerdi01, S. 219].

Die beiden bisher und vermutlich auch in Zukunft dominanten Felder hierbei sind Business-To-Consumer (B2C) und Business-To-Business (B2B). Auch für Kreditinstitute sind fast ausschließlich diese beiden Einsatzgebiete relevant, so daß sich diese Arbeit im folgenden nicht mehr mit den anderen Bereichen beschäftigen wird.

Kapitel 3

E-Commerce-Produkte

Die Nutzung des Internets nicht nur als Informationsmedium, sondern auch als Vertriebsweg für Waren und Dienstleistungen schreitet rasch voran. Nach übereinstimmenden Studien gab es Mitte 1999 in Deutschland knapp 10 Millionen Online-Nutzer im Alter zwischen 14 und 59 Jahren, von denen 3 Millionen in den vorangegangenen 12 Monaten zumindest einmal auch ein Produkt online bestellt haben [BdtB00b].

Als Dienstleistung fast ohne stoffliche Komponente eignen sich Bankprodukte hervorragend zum Vertrieb über Datennetze. Alle wesentlichen Produktmerkmale können durch einfache Kennziffern (wie etwa Laufzeit oder Zinssatz) vollständig beschrieben und mit Konkurrenzangeboten verglichen werden. Es handelt sich somit um digitale Güter. Vor allem unter Zuhilfenahme von Intermediären wird es dem Bankkunden ermöglicht, bei vollständiger Markttransparenz aus allen angebotenen Produkten auszuwählen. Emotionale Bindungen an einzelne Anbieter oder Marken sind bei Finanzdienstleistungen unüblich, die persönliche Begutachtung der Leistung in einer Vertriebsniederlassung ist nicht notwendig.

3.1 Online-Banking

Unter Online-Banking versteht man den direkten Zugang des Bankkundens zu seiner Bank durch den Einsatz von Kommunikationsnetzen und unter Umgehung der Beteiligung von Bankangestellten. Eine wichtige Sonderform des Online-Bankings ist das Internet-Banking, bei dem die zugrundeliegende Kommunikationsplattform das Internet ist. Im Gegensatz hierzu steht beispielsweise das in Deutschland sehr populäre T-Online-Banking über das proprietäre Netz der Deutschen Telekom AG. Diese Unterscheidung ist allerdings eher technischer Natur und wird hier nicht vertieft. Interessant in diesem Zusammenhang ist jedoch, daß Online-Banking die wichtigste Anwendung für den T-Online-Dienst war und der Erfolg des gesamten Angebots zu großen Teilen darauf zurückzuführen ist.

Online-Banking bietet eine ganze Reihe von Vorteilen sowohl für Kunden als auch für Kreditinstitute. Der offensichtliche Vorteil für den Bankkunden besteht darin, daß es im Online-Banking keinen Schalterschluß und keine geographischen Beschränkungen gibt. Durch den Einsatz spezieller PC-Software kann er seine Konten darüber hinaus automatisiert verwalten, was vor allem für Geschäftskunden von großer Bedeutung ist.

Der Vorteil für die Banken liegt in den niedrigen Kosten von Online-Transaktionen, was sich vor allem auf grundlegende Vereinfachungen im administrativen Bereich zurückführen läßt. So kostet eine klassische Überweisung am Bankschalter einer Filiale etwa 2 DM, wobei die gleiche Transaktion über das Internet getätigt nur Kosten in Höhe von 2 Pfennig verursacht, also lediglich ein Hundertstel der Transaktionskosten am Bankschalter [Sokol01, F. 30].

Der Erfolg von Online-Banking läßt sich auch in Zahlen belegen: Nach einer demoskopischen Erhebung [BdtB00a], die der Bundesverband Deutscher Banken Ende 2000 durchgeführt hat, nutzen bereits 11% der Deutschen für ihre Bankgeschäfte Online-Banking. Insgesamt wurden im Jahr 2000 knapp über 15 Millionen Konten online geführt.

Die technischen Grundlagen für die weitere Verbreitung des Online-Bankings sind durch die Einführung des HBCI-Standards bereitgestellt worden. HBCI ermöglicht den Zugang zum Online-Banking von jedem internet-fähigen Endgerät, unabhängig vom Zugangsprovider des Kunden. Gegenwärtig ist HBCI noch ein auf Deutschland beschränktes System, aber die deutschen Banken sind bemüht, diese Technologie auch zu internationaler Akzeptanz zu führen.

Neben dem PC als Kundenterminal werden in Zukunft zunehmend auch mobile Endgeräte bedient werden müssen, allen voran Mobiltelefone. Es existieren bereits heute Angebote zum WAP-Banking oder beispielsweise Kursticker auf SMS-Basis [Kuhli01]. Weitere Impulse werden sich nach der Einführung des neuen Übertragungsstandards UMTS ergeben.

Online-Banking ist längst nicht mehr als optionales Leistungsmerkmal einer Bank zu verstehen, mit dem sie Wettbewerbsvorteile erzielen kann, sondern ist mittlerweile zu einer Notwendigkeit geworden, um am Markt bestehen zu können.

Online-Banking als zentraler Vertriebsweg
Die Möglichkeit, Bankgeschäfte komfortabel über das Internet abwickeln zu können, und die damit verbundene hohe Akzeptanz bei den Kunden führen dazu, daß Online-Banking ein zentraler Bestandteil im Angebot jeder Bank sein muß.

3.2 Online-Brokerage

Gerade der Börsenhandel ist ein Bereich, der sich in den letzten Jahren durch neue technische Möglichkeiten erheblich verändert hat. So wurde der klassische Parketthandel durch die nach und nach eingeführten Computerhandelssysteme immer mehr in den Hintergrund gedrängt und wird vermutlich in naher Zukunft vollständig verschwinden. Während früher der Börsenhandel nur über Makler erfolgen konnte, ermöglichen die sekundenschnelle Verbreitung von Kursinformationen und der durch Online-Broker direkte Zugriff des Anlegers auf die Computerhandelssysteme jedem Privatmann, am Börsengeschehen zeitnah teilzunehmen.

Auch für den professionellen Anleger eröffnen sich durch Online-Brokerage neue Betätigungsfelder. Gestützt auf verläßliche Realzeit-Kursdaten und in der Lage, ohne nennenswerte Verzögerungen Orders zu plazieren, ist das sogenannte Intraday Trading populär geworden, bei dem zwischen Kauf und Verkauf der Wertpapiere nur wenige Stunden oder gar Minuten liegen. Auf diese Weise lassen sich Kursschwankungen während eines Handelstages ausnutzen.

Das Ende des Parketthandels

Durch die Einführung von elektronischen Börsenhandelssystemen wird der klassische Parketthandel bedeutungslos werden. Durch Online-Brokerage wird es zudem auch dem Kleinanleger möglich, direkt und zeitnah am Börsengeschehen teilzuhaben.

Aufgrund der angespannten Börsensituation sehen sich die Anbieter von Online-Brokerage mittlerweile gezwungen, ihre Produktpalette um eine Dienstleistungskomponente zu erweitern. Durch die Abkehr von einer reinen transaktionsorientierten Brokerage-Anwendung kann der Erfolgsfaktor der Kundenberatung genutzt werden [DoOs01].

3.3   Public-Key-Infrastruktur

Die Einführung digitaler Signaturen erfordert die Einrichtung zentraler Zertifizierungsstellen, die die Identität der Teilnehmer überprüft und Zertifikate über deren öffentliche Schlüssel ausstellt. Nur so wird es möglich, sich über eine persönlich eindeutige digitale Signatur auszuweisen. Das ist auch im deutschen Signaturgesetz so vorgesehen.

Das Betreiben einer Zertifizierungsstelle ist mit erheblichem Aufwand verbunden, da hier sehr hohe Sicherheitsanforderungen gestellt werden. Da Kreditinstitute bereits über Kompetenz auf dem Gebiet sicherer Datenverarbeitung verfügen, bietet sich ihnen hier ein neues Betätigungsfeld. Zudem haben die Banken ein großes Eigeninteresse an der zügigen Einführung dieser Infrastrukturen, um das Geschäft im Internet auf eine sichere Basis zu stellen.

Vor diesem Hintergrund haben die vier deutschen Großbanken (Commerzbank, Deutsche Bank, Dresdner Bank und HypoVereinsbank) gemeinsam im Juni 1999 den Sicherheitsdienstleister TC TrustCenter gegründet, der ihnen selbst, sowie interessierten Drittunternehmen, als gemeinsame Zertifizierungsstelle dient. Durch dieses Gemeinschaftsunternehmen, das selbstverständlich auch den Anforderungen des Signaturgesetzes genügt, soll es den Bankkunden ermöglicht werden, von Beginn an am durch digitale Signaturen geschützten Geschäftsverkehr teilzunehmen [BdtB00b, S. 26ff].

> **Digitale Signaturen ermöglichen elektronische Verträge**
> Digitale Signaturen haben sich in den letzten Jahren zu marktfähigen Lösungen entwickelt. Durch die fortgeschrittene internationale Standardisierung und gemeinsamen Anstrengungen von Industrie und Gesetzgeber werden die damit verbundenen Verfahren in naher Zukunft umfassende praktische Bedeutung erlangen. Jeder Internetteilnehmer wird sich bald mit persönlichen Zertifikaten ausweisen.

Für eine kurze Einführung in die technischen und juristischen Eigenschaften digitaler Signaturen sei hier auf den Anhang dieser Arbeit verwiesen.

3.4 Bezahlverfahren

Für die weitere Entwicklung des E-Commerce, vor allem im Geschäft mit Privatpersonen, ist die Bereitstellung schneller, einfacher und sicherer Bezahlverfahren im Internet von großer Bedeutung. Da dieser Bereich der Tätigkeit der Kreditinstitute sehr nahe steht, haben sich die Geschäftsbanken dem Problem angenommen und sich an der Umsetzung zahlreicher Forschungs- und Pilotprojekte beteiligt.

3.4.1 Verfahren im Überblick

Zahlungssysteme im Internet lassen sich in verschiedene Gruppen einteilen [SACP99, Menk01]. Man beschränkt sich hier auf Verfahren, die im B2C-Bereich eingesetzt werden können, im Gegensatz zu den verschiedenen Möglichkeiten, die bei etablierten Geschäftsbeziehungen zwischen Unternehmen bestehen.

Offline-Zahlung

Die Offline-Zahlung findet außerhalb des Internets statt. Der Kunde zahlt nach Erhalt der Ware per Überweisung, bei Erhalt per Nachnahme oder im Rahmen eines Abonnements. Diese Art der Bezahlung ist aus dem Versandhandel bereits bekannt. Insbesondere bei der Zahlung per Nachnahme fallen jedoch Kosten für Verpackung, Transport und Nachnahmegebühr an, die bei niederwertigen Handelsgütern in keinem Verhältnis zum Warenwert stehen.

Kreditkartenzahlung

In den USA dominiert die Zahlung per Kreditkarte, die dort seit langem einen hohen Verbreitungsgrad haben, weil wegen rechtlicher Beschränkungen keine dem Lastschriftverfahren oder Euro-Cheques vergleichbaren Systeme existieren. Aufgrund der internationalen Aktivitäten amerikanischer Internet-Warenhäuser hat dieses Verfahren auch in Deutschland eine gewisse Bedeutung erhalten. Vor allem bei Käufen im Ausland erscheint Kreditkartenzahlung oft als einzige Möglichkeit.

Bisher erfolgte die Zahlung lediglich durch (zumeist noch ungesicherte) Übertragung der Kreditkartennummer, was in keinster Weise ein rechtsverbindliches Zahlungsversprechen darstellt, so daß sich Kreditkartenunternehmen und Händler mit Forderungsausfällen infolge von Kartenbetrug beschäftigen müssen (der Karteninhaber trägt hierbei kein Risiko, da ihm Zahlungen, die ohne seine Unterschrift geleistet wurden, nicht angelastet werden können). Durch die Einführung des SET-Standards soll dieser Sicherheitsmangel behoben werden. Hierbei werden die Kreditkartendaten verschlüsselt und signiert an eine Clearingstelle der Kartenorganisation übermittelt, die die Daten überprüft und die Zahlungsberechtigung bestätigt. Niemand sonst erhält die Kreditkartendaten. Aufgrund des hohen Sicherheitsstandards kann angenommen werden, daß im Streitfall diese Art der Abwicklung einem unterschriebenen Kreditkartenbeleg gleichgesetzt wird [Menk01].

Lastschriftverfahren

In Deutschlands „realen" Verkaufsstellen haben sich Debitzahlungen durchgesetzt. Hierbei erteilt der Kunde dem Händler eine Einzugsermächtigung. Da im Internet geschlossene Verträge nicht der juristischen Schriftform genügen, muß ein Online-Shop, der dieses Verfahren verwendet, damit rechnen, das bereits empfangene Geld zurückerstatten zu müssen. Abhilfe kann hier die Einführung digitaler Signaturen schaffen (siehe Anhang B). Eine solcherart signierte Einzugsermächtigung wird rechtlich als schriftliche Erklärung anerkannt.

Geldkarten

Eine weitere Möglichkeit besteht in der Verwendung von Geldkarten. In Deutschland sind derzeit 55 Millionen [BdtB00b] Euro-Cheque-Karten mit integriertem Geldkartenchip im Einsatz. Diese Karten können in Bankfilialen oder an 22.000 Ladeterminals aufgeladen werden. In Zukunft sollen sie auch für Zahlungen im Internet genutzt werden können. Hierzu sind allerdings spezielle Lesegeräte zum Anschluß an den Kunden-PC notwendig, die noch kaum verbreitet sind.

Prepaid-Karten

Im Gegensatz zu den bisher genannten Systemen sind Prepaid-Karten, wie sie etwa für Kartentelefone verwendet werden, anonym und ohne bestehende Bankverbindung einsetzbar. Der Kunde erwirbt eine solche Wertkarte zu einem festen Betrag, den er im voraus entrichtet und kann sie dann bei Einkäufen im Internet verwenden. Da er sich zumeist über eine auf die Karte gedruckte PIN identifiziert, kann sie ohne zusätzliche Software- oder Hardwareinstallationen benutzt werden. Ein Beispiel hierfür ist die jüngst eingeführte Pay-Safecard, die in Deutschland in Zusammenarbeit mit der Commerzbank ausgegeben wird. Im Herbst 2001 will die Deutsche Telekom AG mit MicroMoney ebenfalls ein solches System auf den Markt bringen [Damb01].

Verbindungsentgelte

Eine andere Möglichkeit, die sich vor allem für kostenpflichtige Internetseiten und die Abrechnung von Kleinstbeträgen eignet, besteht darin, über den Zugangsprovider des Kunden Gebühren einzuholen. Üblicherweise muß der Kunde dabei anstelle seiner normalen Verbindung einen speziellen Internetzugang verwenden, der mit variablen, inhaltsabhängigen Kosten verbunden ist. Der Ausgleich der Forderungen erfolgt dann mit der Telefonrechnung. Der in Deutschland führende Vertreter dieses Systems ist net900 der Deutschen Telekom AG.

Zahlungsbestätigung per Mobiltelefon

Seit Mai 2000 ist in Deutschland ein neuer Dienst names Paybox verfügbar. Hierbei erhält der Kunde zur Zahlungsbestätigung einen Anruf an sein Mobiltelefon und kann die Zahlung durch Eingabe seiner PIN autorisieren. Der Rechnungsausgleich erfolgt per Lastschriftverfahren. Die Zahlung selbst wird über die Deutsche Bank abgewickelt. Der Ablauf der Zahlungsbestätigung im Mobilfunknetz wird damit von der eigentlichen Abwicklung der Zahlung, die im Banknetz erfolgt, getrennt, wobei weder Händler noch Paybox-Anwender Kunden der Deutschen Bank sein müssen. Voraussetzungen zur Teilnahme am Paybox-Verfahren sind lediglich ein Mobiltelefon und ein Girokonto. Die Deutsche Bank ist mit 50% an Paybox beteiligt. Paybox ist nicht an das Internet gebunden und kann zum Beispiel auch zum Bezahlen von Taxifahrten eingesetzt werden. Desweiteren sind auch private Transaktionen zwischen Paybox-Teilnehmern möglich [Donat01].

Digitales Geld

Eine völlige Neuentwicklung ohne Anbindung an bereits existierende Zahlungssysteme ist digitales Geld. Hierunter werden vorausbezahlte Geldprodukte verstanden, die auf einem Speichermedium im Rechner des Benutzers (üblicherweise einer Festplatte) in Form einer digitalen Brieftasche (Wallet) gespeichert werden. Aufgrund sicherheitstechnischer Voraussetzungen (zum Beispiel darf es nicht möglich sein, durch Kopiermaßnahmen der elektronischen Münzen Geld zu schöpfen) sind diese Verfahren sehr aufwendig, so daß die Akzeptanz bei Kunden und Händlern bisher gering ist. Bei einer bereits 1997 durchgeführten Delphi-Befragung [Wings99] verneinten die Experten eine größere Bedeutung von digitalem Geld. Diese Einschätzung scheint sich zu bewahrheiten. Einige Pilotierungs-projekte sind mittlerweile wieder eingestellt worden. In Deutschland hat im Frühjahr 2001 beispielsweise die CyberCash GmbH ihre virtuelle Währung zurückgezogen.

3.4.2 Bewertung der verschiedenen Verfahren

Auf dem Markt der Bezahlverfahren herrscht zur Zeit noch ein Konkurrenzkampf der verschiedenen Systeme. Es läßt sich noch von keinem der Systeme sagen, daß es sich als eindeutiger Sieger durchsetzen wird. Es ist nicht einmal klar, ob es überhaupt eine einzige Lösung für alle Arten von Bezahlvorgängen geben wird. Zumindest für die nächste Zeit werden eine Reihe von Verfahren nebeneinander existieren. Die wesentlichen Faktoren, die über den weiteren Erfolg entscheiden werden, sind das Sicherheitsgefühl, das sie vermit-teln können, die möglichst einfache technische Umsetzbarkeit, die Unterstützung seitens der Bankenwelt und vor allem die Akzeptanz bei Händlern und Kunden. Der einzig ein-deutige Trend auf diesem Gebiet ist die Tatsache, daß sich digitales Geld aufgrund der mangelnden Akzeptanz und der technischen Probleme der bisherigen Implementierungen nicht durchsetzen wird.

Koexistenz unterschiedlicher Bezahlverfahren
Mittelfristig wird kein einzelnes Bezahlverfahren in der Lage sein, die übrigen vom Markt zu verdrängen. Das größte Durchsetzungsvermögen haben integrierte Lösun-gen, die sich auch auf bereits etablierte Systeme stützen. Digitales Geld wird sich nicht durchsetzen.

Bisher dominieren beim Einkauf im Internet noch die traditionellen Verfahren: Gemäß einer Umfrage der Universität Karlsruhe [StLeSt01] bezahlten die Deutschen ihre Inter-neteinkäufe zu 72% auf Rechnung, 48% per Lastschrift, 47% per Nachnahme und 12% mit Vorausscheck oder -überweisung (Mehrfachnennungen waren möglich). Akzeptiert ist weiterhin die Kreditkartenzahlung, sowohl in ungesicherter (5,2%), SSL-verschlüsselter (32,6%) und SET-basierter Form (3,2%). Paybox konnte ebenfalls 3,4% für sich bean-spruchen, andere Systeme sind zur Zeit noch fast bedeutungslos.

3.4.3 Die FairPay-Initiative

Ein jüngst vom Bundeswirtschaftsministerium in Zusammenarbeit mit dem Deutschen Forschungszentrum für Künstliche Intelligenz (DFKI), der Deutschen Bank AG, der Baye-rischen HypoVereinsbank AG, den vier auf Sicherheitstechnologien spezialisierten Soft-warehäusern Emagine GmbH, Secude GmbH, Debis ISS GmbH und Eurosec GmbH, so-wie vier deutschen Hochschulen (darunter die TU Darmstadt) ins Leben gerufene Projekt namens FairPay ist der wissenschaftlichen Untersuchung von sicherheitskritischen An-wendungen gewidmet. Insbesondere sollen hierbei Verfahren und Werkzeuge entwickelt

werden, die über beweisbare Sicherheitseigenschaften verfügen. Ferner soll ein Vorgehens-
modell für die Einführung zuverlässiger Systeme für Finanztransaktionen im Internet
erarbeitet werden.

Das Vorhaben ist auf zwei Jahre angelegt und wird vom Bundesministerium für Wirtschaft und Technologie (BMWi) mit 10 Millionen DM Fördermitteln ausgestattet, die
von Eigenmitteln der beteiligten Unternehmen in dreifacher Höhe komplettiert werden.
Die beteiligten Banken beabsichtigen, die Ergebnisse von FairPay zur Weiterentwicklung
ihrer Zahlungssysteme zu nutzen [BMWi01].

3.5 IT-Dienstleistungen für Firmenkunden

Immer mehr Unternehmen verstärken gegenwärtig ihr E-Commerce-Engagement. Vielen
dieser Unternehmen, vor allem kleineren und mittelständischen Betrieben, fehlt dabei
allerdings das notwendige Fachwissen, um die neuen Möglichkeiten sinnvoll einsetzen zu
können. Auch sind die mit der Anschaffung und dem Betrieb der benötigten Hardware
verbundenen Kosten oft erst ab einer gewissen Betriebsgröße tragbar. Hier bietet sich ein
neues Betätigungsfeld für Banken. Es reicht von Beratungsdienstleistungen bis hin zur
Bereitsstellung der kompletten E-Commerce-Infrastruktur, beispielsweise durch Hosting
von Online-Shops auf Bankrechnern.

Ein bekanntes Produkt in diesem Segment sind die CyberShops, die von der Dresdner Bank angeboten werden. Hier wird es ermöglicht, ohne technische Vorkenntnisse und
eigene Investitionen einen einfachen Internet-Shop zu eröffnen. Zur Administration (Gestaltung der Seiten und Einspielen von Produktinformationen) steht ein unkompliziertes
Front-End zur Verfügung. Die komplette Umsetzung des Internetauftritts übernimmt die
Bank. Insbesondere auch die Abwicklung der Bezahlvorgänge wird von der Bank geleistet.

Kapitel 4

Neue Geschäftsmodelle im Bankenumfeld

4.1 Das Ende der klassischen Universalbank

Im Bankenbereich ist nach wie vor eine hohe vertikale Integration anzutreffen. Die klassische Universalbank produziert Bankdienstleistungen und vertreibt diese selbst, primär über das eigene Filialnetz [Wings99]. Dies hat zur Folge, daß Universalbanken bei beherrschbaren Kosten nicht mehr mit den Angeboten hochspezialisierter Wettbewerber mithalten können.

Man kann den bankbetrieblichen Wertschöpfungsprozeß in drei Felder unterteilen:

- die Produkterstellung,

- den Produktvertrieb,

- sowie Infrastrukturdienstleistungen.

Die klassische Universalbank steht heute vor dem Problem, alle drei Felder mit hervorragender Qualität und hoher Produktivität bearbeiten zu müssen. Um diesen Konflikt aufzulösen, bieten sich zwei Möglichkeiten, Spezialisierung und differenzierte Integration [Wings99].

4.1.1 Spezialisierung

Die Bank kann sich auf eine der drei Dimensionen zurückziehen und die anderen beiden aufgeben. Sie wird dann folglich

- als Intermediär auftreten, der nicht mehr die angebotenen Leistungen selbst erstellt, sondern lediglich weiterverkauft,

- als reiner Produktlieferant in Bereichen, in denen sie die Kostenführerschaft erzielen kann

- oder als Servicegesellschaft, die Dienstleistungen für die Finanzbranche erbringt.

Für die Universalbank bedeutet eine solche Spezialisierung eventuell den Verlust der Identität, aber vor allem für Brancheneinsteiger wird es sinnvoll sein, sich auf eine der Dimensionen zu beschränken. Insbesondere die Betätigung als Finanzintermediär ist ein attraktives Ziel, da hier keine größeren Markteintrittsbarrieren bestehen. Beispiele für spezialisierte Produktlieferanten sind Kreditkartenunternehmen und Fondsgesellschaften, eine Möglichkeit sich als Servicegesellschaft zu betätigen liegt in der Betreuung von Technik-Zentren oder dem Betreiben von Back-Office-Anwendungen.

4.1.2 Differenzierte Integration

Alternativ kann sich die Bank „nach innen" spezialisieren, nach außen hin aber weiter (etwa über eine Konzern-Muttergesellschaft) als Universalbank auftreten. In diesem Fall wird sich die Bank auf die Produktion solcher Angebote beschränken, in denen sie Wettbewerbsvorteile erzielen kann. Um dennoch ein Vollsortiment anbieten zu können, wird sie Leistungen anderer Unternehmen beziehen und weiterverkaufen.

Gegenüber dem vollintegrativen Ansatz der Universalbank sind hier die Probleme bei der Verbindung der unterschiedlichen Produktarten und Vertriebswege geringer [Wings99, S. 235]. Ein erfolgreiches Beispiel dieses Ansatzes ist die Deutsche Bank, die ihr Direktbanking und das Geschäft mit weniger wohlhabenden Privatkunden über die Tochtergesellschaft Deutsche Bank 24 ausgelagert hat.

4.1.3 Der Allfinanzkonzern

Während in der Literatur – und auch in dieser Arbeit – die Auffassung vertreten wird, daß eine Notwendigkeit besteht, durch Konzentration auf Kernkompetenzen und Auslagerung der übrigen Bereich in verstärkter Kooperation mit externen Partnern zu einer Neuausrichtung des Bankgeschäfts zu gelangen, gibt es auch gegenläufige Bewegungen, die weiterhin das Konzept der Universalbank verfolgen und in dessen konsequenter Weiterführung das Ziel eines Allfinanzkonzerns anstreben. Der führende Vertreter dieser Richtung ist die Citigroup, die mit ihrem Konzept international sehr erfolgreich agiert. Insbesondere ist hier auch die anstehende Fusion der Dresdner Bank mit der Allianzgruppe zu nennen.

Als Argumente, die für den Allfinanzkonzern sprechen, werden angeführt:

- Durch die Nutzung eines eigenen Vertriebsweges für alle Arten von Finanzprodukten läßt sich eine sehr hohe Kosteneffizienz erreichen.

- Bei der Produktion der Finanzdienstleistungen können Skalenvorteile erzielt werden.

- Im sich verschärfenden internationalen Wettbewerb werden nur wenige, sehr große Konzerne bestehen können.

Die Verfasser sehen sich außer Stande, diese Argumente zu widerlegen und zu mutmaßen, welche der beiden Entwicklungen die erfolgreichere sein wird. Auch unter Analysten im Bankenumfeld ist diese Frage umstritten und wird sich erst im Laufe der nächsten Jahre entscheiden.

4.2 Elektronische Marktplätze

Wesentliche Merkmale elektronischer Marktplätze sind orts- und zeitunabhängige Entkoppelung der Marktteilnehmer sowie des Zugangs zu elektronischen Märkten, die Erleichterung des Informationsaustauschs zwischen Anbieter und Nachfrager durch elektronische Informationssysteme und Identifizierung von Potentialen zur Senkung der Transaktionskosten.

Die rasche Verbreitung der Internet-Technologie ermöglicht ein kontinuierliches Wachstum der elektronischen Marktplätze. Diese Marktplätze schaffen die Voraussetzung für E-Commerce, als elektronisch unterstütztem Tausch beziehungsweise Handel zwischen Marktpartnern, das heißt Anbahnung, Vereinbarung, Abwicklung, Kontrolle und Anpassung [Picot91]. Ziel ist es, die Informations- und Kommunikationstechnologien für eine Integration von unternehmensübergreifenden Wertschöpfungsketten und einzelnen Wertschöpfungsstufen zu nutzen. Sinnvoll erscheint im wesentlichen eine Integration entlang der Wertschöpfungskette, unabhängiger Wertschöpfungsketten, von Prozessen zwischen Unternehmen und Verwaltung, sowie des Endkunden in die Wertschöpfungskette.

Diese Formen der Integration führen zu grundlegenden Veränderungen von Geschäftsprozessen zwischen Unternehmen und Kunden. Sowohl kommerzielle Transaktionen zwischen Unternehmen als auch zwischen Unternehmen und Endkunden erfahren gegenüber dem traditionellen Handel einen ausgeprägten Wandel. So ist beispielsweise eine stufenweise Integration des Endkunden zu beobachten: angefangen von der zielgruppenspezifischen Unternehmenspräsentation im Internet, elektronischen Produktkatalogen mit Entscheidungsunterstützungssystemen bis hin zum Online-Shopping und elektronisch unterstütztem After-Sales-Service [Zerdi01, S. 217f].

Durch den Einsatz intelligenter Agenten kann auf solchen Marktplätzen eine sehr hohe Markttransparenz realisiert werden, sofern vergleichbare Produkte und Leistungen vorliegen.

4.3   Finanzportale

Mit Finanzportalen sollen Kunden direkt angesprochen werden. Ziel ist es, die Kundenbindung zu erhöhen und zwar über alle Vertriebskanäle hinweg. Elektronische Finanzdienstleistungen passen sich durch Personalisierung automatisch den Bedürfnissen des Kunden an. Zudem ermöglicht eine Analyse des Kundenverhaltens, der Gewohnheiten und persönlicher Informationen des Kunden (siehe auch Kapitel 6.1.2 zu Data Mining und Data Warehousing), ihm gezielte Angebote und Mehrwertdienste situations- und zeitbezogen bereitzustellen. Das Standardangebot der Finanzportale setzt sich zum einen aus Finanzinformationen, Zahlungsverkehr, Termingeldern, Zinstermingeschäften, Devisen und Brokerage zusammen. Zum anderen kommen Fremdangebote von Nichtbanken wie Distribution, Logistik bis hin zur Vermietung von Autos dazu. Zu solch einem einzigartigen Service gehört mehr als die reine Abwicklung von Transaktionen und die Bereitstellung von Informationen.

Der Mehrwert (die „added values" [Högerl01]) eines solchen Finanzportals liegt:

- in der Verfügbarkeit unabhängig von Zeit und Ort;

- in der schnellen Anpassung an die sich wandelnden Bedürfnisse der Kunden in allen Lebensphasen mit dem richtigen Produktangebot;

- im Cross-Selling komplementärer zu bestehenden Produkten auf individueller Basis;

- in der direkten Ansprache des Benutzers und dem Sammeln von Kundeninformationen;

- in der Etablierung einer Marke (Branding) und einer Financial Community.

| **Kundenbindung durch Finanzportale** |
| Finanzportale dienen der Kundenbindung durch das Anbieten sogenannter „added values". |

Kapitel 5

Veränderungen im Marktumfeld

5.1 Neue Wettbewerber und Partner

5.1.1 Branchenfremde Anbieter

Die kosteneffizient zu erschließenden technischen Möglichkeiten im E-Commerce gestatten es auch branchenfremden und neugegründeten Unternehmen ohne hohe Markteintrittsbarrieren in den Bankenmarkt einzusteigen. Vor allem als Vertriebswegespezialisten können diese Wettbewerber mit günstigen Kostenstrukturen und innovativen Konzepten zu relevanten Konkurrenten für die etablierten Finanzhäuser werden.

In der Literatur werden diese Absatzmittler, die sich in bereits vorhandene Wertschöpfungsketten einklinken, indem sie den Produzenten gegenüber als Nachfrager und den Endkunden gegenüber als Anbieter auftreten, als „neue Intermediäre" bezeichnet.

Konkrete Gefahr für das traditionelle Massengeschäft (Retail Banking) droht der Kreditwirtschaft somit von den sogenannten Non- und Near-Banks, also Nichtbanken oder alternativen Finanzdienstleistern. Das Aufbrechen der Wertschöpfungskette zwischen Produktion, Vertrieb und Ausführung beziehungsweise Abwicklung eines Finanzdienstleistungsprodukts ermöglicht es den neuen Wettbewerbern, Teile der Wertschöpfungskette herauszutrennen und als attraktive Herzstücke zu vermarkten. E-Commerce wird in Verbindung mit sicheren Zahlverfahren zu einem Boom der Bankgeschäfte im Internet führen, die jedoch nicht mehr unbedingt von Banken selbst angeboten werden, oder um es mit den Worten von Bill Gates zu sagen: „Banking is essential, banks are not" [Borch00].

Zu den Near-Banks zählen vor allem Kreditkartenunternehmen und Versicherungen. Im Hinblick auf den Eintritt in elektronische Märkte wird ihnen der strategische Vorteil zugesprochen, bereits über einen hohen Bekanntheitsgrad mit entsprechender Reputation zu verfügen. Im Gegensatz dazu haben Non-Banks wie zum Beispiel Technologieanbieter, Netzbetreiber oder Handelsunternehmen weniger Erfahrungen im Finanzdienstleistungsbereich, können aber vielfach Nutzen ziehen aus ihrem hohen Bekanntheitsgrad und ihrem umfangreichen Kundenstamm [Büsch98].

Konkurrenz durch branchenfremde Unternehmen

Den traditionellen Bankhäusern erwachsen in zunehmendem Maße Wettbewerber aus dem Nichtbankenbereich. Diese verfügen über technische Kompetenz und in ihren jeweiligen Branchen über einen hohen Bekanntheitsgrad. Durch Verknüpfung von Bankdienstleistungen mit ihren eigentlichen Angeboten können sie ihren Kunden einen Zusatznutzen bieten.

5.1.2 Globalisierung

Allgemein werden Fusionen in der deutschen Kreditwirtschaft vor dem Hintergrund einer sich beschleunigenden Globalisierung als Mittel zur Erreichung bzw. Stabilisierung der internationalen Wettbewerbsfähigkeit eingestuft; dies gilt insbesondere für den Bereich des Investment Bankings und des Privatkundengeschäfts [Borch00].

In diesem Zusammenhang muß man noch erwähnen, daß vor allem auch die regional organisierten Sparkassen und Genossenschaftsbanken unter erheblichem Restrukturierungsdruck stehen. Während diese Institute sich durchaus weiter auf ihre regionale Kompetenz bei der individuellen Kundenansprache konzentrieren können (und sollten), erscheint es notwendig, den elektronischen Vertrieb von Bank- und Finanzprodukten in regionenübergreifende Vertriebseinheiten auszugliedern.

5.2 Veränderungen im Kundenverhalten

Ein interessanter Kundentyp für die Banken stellt der Multikanalkunde dar. Dieser Multikanalkunde möchte nicht ganz auf die Leistungen in einer Filiale verzichten, nutzt aber sämtliche Alternativen bei den Bankzugangsmöglichkeiten, wie beispielsweise das Telefon oder das Internet. Der Anteil an Multikanalkunden wird ungefähr 60% betragen [Sokol01, F. 52].

5.2.1 Niedrigere Kundenbindung

Eine Herausforderung, der sich Anbieter im Internet stellen müssen, ist die Fähigkeit potentieller Kunden, jederzeit zu einem Wettbewerber wechseln zu können. Im Internet ist die Konkurrenz nur einen Mausklick entfernt. Gerade für Kreditinstitute ist dies eine ungewohnte Situation, herrschte auf diesem Sektor doch bisher eine extrem hohe Kundenbindung, bedingt durch die hohen Kosten und den Arbeitsaufwand, der einem Kunden beim Ändern seiner Bankverbindung entsteht.

Der herkömmliche Bankkunde wickelte meist seine gesamten Finanztransaktionen über ein einziges Institut (seine Hausbank) ab. Aus Gründen der Bequemlichkeit und

Kosten, verbunden mit der (im Vergleich zu heute) geringen Markttransparenz, konnte sich die Hausbank auf eine sehr hohe Kundentreue verlassen. Für den Kunden war die Bindung an die Bank fast schon eine Zwangsbeziehung, die er aber akzeptieren mußte.

Der heutige und in noch stärkerem Maße der zukünftige Bankkunde hat sich zum Finanzkäufer gewandelt, der für jedes einzelne Finanzprodukt neu entscheidet, von welchem Anbieter er es bezieht. Als Folge davon unterhält er gleichzeitig mehrere Bankverbindungen.

5.2.2   Auswirkungen auf das Filialsystem

Die Zeiten, in denen der Weg des Kunden zu seiner Bank stets über die Niederlassung in seiner Nachbarschaft führte, sind vorbei. Bereits Anfang der 90er-Jahre trat mit dem Telefon-Banking ein alternativer Distributionskanal hinzu, der nun durch das Online-Banking ergänzt wird.

Durch die alternativen Zugänge besteht die Möglichkeit, die Filialen von einem Teil ihrer Aufgaben zu entlasten. Vor allem Routine-Tätigkeiten wie Kontostandsabfragen und Überweisungen lassen sich einfacher, kostengünstiger und schneller online oder an Selbstbedienungsautomaten erledigen. Dies bedeutet aber nicht, daß das Filialnetz an sich seine Berechtigung verliert. Für intensive Beratungsleistungen bleibt das Gespräch mit dem Mitarbeiter in der Geschäftsstelle unverzichtbar. Es gibt zwar Ansätze, dies zum Beispiel auf dem Wege der Videokonferenz durchzuführen, aber dies dürfte kaum auf Akzeptanz bei den Kunden führen. Einer Untersuchung des Bundesverbandes Deutscher Banken zufolge wollen 80 Prozent der befragten Kunden nicht auf den direkten, persönlichen Kontakt neben einem Online-Zugang verzichten. Insbesondere im profitablen Geschäft mit vermögenden Privatkunden wird es notwendig sein, ein persönliches Verhältnis aufrechtzuerhalten.

Folglich ist es Aufgabe der Banken, mehrere gleichberechtigte Vertriebswege nebeneinander zu unterhalten. Man bezeichnet dies auch als Multichanneling. Der Trend zum Multichanneling hat im übrigen nicht nur die klassischen Banken erfaßt, die jetzt zusätzlich Onlinedienste bereitstellen müssen, sondern auch Direktbanken, die mittlerweile den Nutzen von Niederlassungen erkannt haben. So hat etwa der erste deutsche Discount Broker, die Direkt Anlage Bank (DAB), mit dem Aufbau eines Filialnetzes begonnen. Vorbild hierbei ist der amerikanische Online-Broker Charles Schwab, der ebenfalls großen Wert auf individuelle Kundenbetreuung in repräsentativen Niederlassungen legt.

Selbst wenn die Filiale auch in Zukunft erhalten bleibt, wird ein Rückgang der Anzahl der Niederlassungen zu verzeichnen sein. Deutschland verfügt heute über ein im internationalen Vergleich sehr dichtes Netz von Bankfilialen. So kamen im Jahr 2000 ungefähr 1.800 Einwohner auf eine Niederlassung, in den USA waren es dagegen etwa 4000 Bürger pro Filiale. Insgesamt gab es nach Angaben der Deutschen Bundesbank insgesamt 56.936

Bankgeschäftsstellen. Diese Dichte läßt sich mit Sicherheit nicht aufrechterhalten. Der seit Jahren anhaltende rückläufige Trend wird sich weiter fortsetzen.

Neben den Filialen, die infolge von Zusammenlegungen oder Bankfusionen geschlossen werden, wird sich das Erscheinungsbild und Angebot der verbleibenden Niederlassungen verändern. Es wird Beratungszentren geben, in denen der Kunde das volle Bankangebot erhalten kann, wobei der Servicegrad gegenüber den heutigen Filialen sogar noch gesteigert wird, daneben aber wird das Angebot anderer Geschäftsstellen deutlich reduziert. Mögliche Ausprägungen sind Filialen, in denen der Kunde (falls nötig unter Anweisung eines Mitarbeiters) so gut wie alle Bankgeschäfte an Automaten erledigt, unbemannte Selbstbedienungskioske und Bankautomaten an öffentlichen Plätzen oder in Geschäftsräumen anderer Unternehmen (beispielsweise Postämtern oder Kaufhäusern). All diese Formen sind schon heute anzutreffen.

Multichanneling

Neben Online-Banking bleibt die Filiale ein unverzichtbares Vertriebsinstrument. Diese werden sich allerdings differenzieren in Service-Zentren, in denen der Kunde umfassend betreut wird, und in automatisierte Kioske, in denen Routinevorgänge vom Kunden selbst am Bankautomaten erledigt werden.

Kapitel 6

Instrumente im E-Commerce

6.1 Customer Relationship Management

Unter Customer Relationship Management (CRM) versteht man alle Maßnahmen, die von einem Unternehmen getätigt werden, um in systematischer Form Informationen zu gewinnen und zu nutzen, mit dem Ziel, Kunden individueller bedienen zu können, so daß das Unternehmen mit einer langfristigen Kundenbeziehung rechnen kann.

Gerade im Bankenumfeld ist aufgrund der Ertragsstruktur der Kundenbasis Customer Relationship Management wichtig. So sind nach einer Studie von McKinsey für eine Bank im Privatkundengeschäft etwa die Hälfte ihrer Kunden gänzlich unprofitabel, während die oberen 5% der Kunden für 85% des Ertrags sorgen. Zugleich sind es gerade die wohlhabenden Kunden, für die es sich aufgrund der Höhe ihres Anlagevermögens lohnt, nach konkurrierenden Anbieteren zu suchen. Offensichtlich hat die Wechselquote dieser Kunden einen entscheidenden Einfluß auf die Profitabilität.

6.1.1 One-To-One Marketing

Ein wichtiges Instrument des Customer Relationship Managements ist das One-To-One Marketing. Die Kommunikation über das Internet bietet zuvor unbekannte Möglichkeiten der personalisierten Kundenansprache, ohne dabei Kosten zu verursachen, die sich wesentlich von denen der anonymen Massenansprache unterscheiden. Man spricht hierbei auch von „Mass Customizing".

In „klassischen" Märkten sieht sich ein an individuellen Bedürfnissen ausgerichtetes Marketing grundsätzlich dem Spannungsfeld zwischen höherem Umsatz einerseits und steigenden Kosten (insbesondere Komplexitätskosten) andererseits ausgesetzt. Aufgrund der hohen Kosten ist ein am einzelnen Kunden orientiertes One-to-one-Marketing in der Regel kaum realisierbar. Insbesondere die Erfassung individueller Bedürfnisse und die Entwicklung maßgeschneiderter Problemlösungen gehen häufig mit einem kaum vertretbaren Aufwand einher. Im Internet können hingegen sowohl die Erfassung individueller Bedürfnisse durch Protokollierungstechniken als auch die Zusammenstellung maßgeschneiderter Problemlösungen automatisiert erfolgen und Kosten gesenkt werden. Damit besteht in diesem Medium die Möglichkeit, durch „Massenindividualisierung" des Leistungsangebotes, die Kundenloyalität und die Kundenwerte durch die Abschöpfung von Zahlungsbereitschaften zu erhöhen und zusätzliche Umsätze zu generieren [Mefe00, S. 931].

6.1.2   Data Warehousing und Data Mining

Data Warehousing ist ein Verfahren, die im Unternehmen anfallenden großen Datenmengen so zu organisieren, daß sie in integrierter, sachbezogener und einfach analysierbarer Form vorliegen. Hierzu werden neben den operativen Datenbanken, die zur Transaktionsverarbeitung eingesetzt werden, weitere Datenbanken (die sogenannten Data Warehouses) angelegt, in denen Rohdaten zu aussagekräftigen Kennzahlen verdichtet und üblicherweise in Form von Zeitreihen und nach geographischen und organisatorischen Geschichtspunkten gegliedert abgelegt werden. Ein Data Warehouse wird in regelmäßigen Abständen aktualisiert und dazwischen nur für lesende Zugriffe genutzt, wobei Analyseabfragen effizient unterstützt werden können.

Unter Data Mining versteht man den Einsatz intelligenter Algorithmen, die den Datenbestand eines Data Warehouses nach bisher verborgenen Mustern durchforsten. So soll es beispielsweise ermöglicht werden, aus dem Kaufverhalten von Kunden Angebote zu identifizieren, die für diese Kunden ebenfalls interessant sein könnten. Ein bekanntes (und erfolgreiches) Beispiel hierfür sind die automatisierten Vorschläge, die Online-Buchhändler ihrer Kundschaft auf deren bisherigen Bestellungen basierend unterbreiten.

Die meisten Daten, die für erfolgreiches Customer Relationship Management nötig sind, befinden sich heute bereits im Unternehmen. Die Aufgabe des Data Warehousing besteht darin, diese Informationen in geeigneter Form und an der gewünschten Stelle auch zur Verfügung zu stellen. Hierbei ist insbesondere die Aufarbeitung und Aggregation von isolierten Einzeldaten zu aussagekräftigen Informationen durchzuführen, um Fragen, wie die folgenden zu beantworten:

- Ist der Kunde ein zufriedener Kunde?

- Ist der Kunde ein profitabler Kunde?

- Welche Produkte verwendet er?

- Welche speziellen Programme wurden ihm angeboten?

- Wie oft besucht er Filialen, wie oft nutzt er Call-Center und Webseiten?

- Worüber informiert er sich bei diesen Besuchen?

6.1.3 Verbraucherschutzrechtliche Bedenken

Die Erstellung umfassender Kundenprofile ist ein berechtigtes Anliegen der Unternehmen und kann durch die Möglichkeit speziell zugeschnittener Angebote auch dem Kunden dienen. Allerdings ist die Verarbeitung von Kundendaten ein zweischneidiges Schwert: Sorgen um den Verbraucherschutz machen sich breit. Wenn Kunden als unprofitabel eingestuft werden, werden sie unter Umständen schlechter bedient oder gar abgewiesen. Durch die Möglichkeit, Kundendaten auch an andere Unternehmen weiterzugeben (der Handel mit Profilen kann ein einträgliches Zusatzgeschäft sein), könnten Verbraucher diese Diskriminierung bereits erfahren, bevor sie überhaupt eine Geschäftsbeziehung mit dem Unternehmen aufgenommen haben. Auch wenn es aufgrund rechtlicher Möglichkeiten dem Verbraucher überlassen bleibt, die Speicherung seiner Daten zu unterbinden, wird dies jedoch ein deutlich reduziertes Service-Angebot zur Folge haben, so daß er der Profilerstellung faktisch zustimmen muß. Diese Situation ist vergleichbar mit dem Versuch, ein Gehaltskonto zu eröffnen, ohne der SCHUFA-Auskunft zuzustimmen.

Daß es sich hierbei nicht um pessimistische Überzeichnung handelt, läßt sich mit den Ansichten von Seamus McMahon, Vizepräsident der First Manhattan Consulting Group, belegen, der mit folgenden Worten zitiert wird [Merz99, S. 310]: Wenn jemand seine persönlichen Daten für sich behält „dann verlangt man höhere Gebühren, weil man ihn nicht haben will – man macht ihm klar, daß er nicht wilkommen ist". Für die Kundenbetreuung per Email oder Telefon empfiehlt er: „Der Filialmitarbeiter muß nur den Namen eintippen, um das CRM-Profil zu sehen. Er antwortet den Cash Cows zuerst. Die Loser können 20 Minuten warten."

6.2 Prozeßoptimierung

Durch Optimierung der Geschäftsprozesse möchten Unternehmen ihre Kosten in den Griff bekommen und dauerhaft beherrschbar machen. Hierbei gibt es organisatorische und technische Aspekte.

Erhöhte Kundenanforderungen, wie Bequemlichkeit, Schnelligkeit, Flexibilität, Qualität, Individualität, Kompetenz und Preis-/Leistungsverhältnis sowie bankinterne Zielsetzungen, wie Vertriebseffektivität bei Kundenaquisition, Kundenausschöpfung und Kundenbindung und Produktionseffizienz durch Vertriebseffizienz, Abwicklungseffizienz und Informationseffizienz führen zu organisatorischen Umstrukturierungen [Sokol01, F. 22].

Prozesse müssen ganzheitlich betrachtet werden und möglichst einfach gestaltet sein. Unnötige Umwege oder lange Wartezeiten zwischen Prozessgliedern müssen eliminiert werden. Ein Ideal stellen digitale Geschäftsprozesse dar, die fast vollkommen automatisch mittels eines vorgegebenen Regelwerkes ablaufen können. Die Prozesse sollten zur Steigerung der Effizienz einheitlich für alle Vertriebswege möglichst standardisiert ablaufen. Die Gestaltung der Prozesse hat sich an der Wertschöpfung zu orientieren. Für die Neugestaltung von Arbeitsabläufen gelten folgende vier Regeln:

- ganzheitlicher Ansatz

- Einbindung des Kunden

- 80:20 Lösungen (mit 20 % der Kunden werden 80 % des Geschäfts gemacht)

- abschliessende Vorgangsbearbeitung

Ziel ist es, ein funktionierendes Prozessmanagement zu erhalten, das in der Lage ist, Prozesse zu redefinieren, wenn sich gewisse Umweltbedingungen, wie beispielsweise Kundenanforderungen geändert haben. Neben grundlegenden Redefinitionen sind schrittweise Verfeinerungen hilfreich. Die sich ergebenden Strukturen werden bei einem erfolgreichen Prozessmanagement durchgängiger und flacher, sowie transparenter. Ein sogenannter Process Owner hat dafür Sorge zu tragen, daß der ihm anvertraute Prozess immer korrekt und effizient ist [Sokol01, F. 120f].

Vor allem durch die technische Unterstützung stark strukturierter Massenvorgänge können Kostenblöcke massiv reduziert werden. Im Extremfall ist die Beteiligung von Mitarbeitern dann überhaupt nicht mehr notwendig. Wesentlich ist, daß alle Daten nur einmal eingegeben werden und dann zur Wiederverwendung schnell aufgefunden werden können. Durch geeignete Benutzeroberflächen für die Mitarbeiter können mehrere Personen auch gleichzeitig an einem Dokument arbeiten. Medienbrüche (wie etwa durch den papiernen Ausdruck) werden dabei vermieden. Außerdem kann der Kunde selbst (wie beim Online-Banking) zur Dateneingabe herangezogen werden.

6.3   Neuentwurf der Bankinformatik

Das Internet hat sich längst verselbstständigt und bewirkt mit seiner rasanten Weiterentwicklung laufend neue Anforderungen an die IT-Strukturen der Banken. Im Wettstreit um Kunden sind die Betreiber von Finanzportalen gefordert, immer neue internetbasierte Technologien innerhalb kürzester Zeit einzuführen. Die dazu nötigen Frontends müssen mit den seit Jahren bestehenden und dafür ursprünglich nicht vorgesehenen Transaktionssystemen zusammenarbeiten. Darüberhinaus wird in zunehmenden Maße die Integration externer Dienste und Datenquellen verlangt.

Kreditinstitute können ihren Aufgaben nur durch den massiven Einsatz von Informationstechnologie nachkommen. Die operativen Systeme der meisten Banken sind durchschnittlich 20 bis 30 Jahre alt und wurden immer wieder entsprechend den jeweiligen Anforderungen angepaßt, so daß sie sich zu komplexen, schwer durchschaubaren Konstrukten entwickelt haben. Auf der einen Seite arbeiten diese Systeme sowohl nach bankwirtschaftlichen als auch IT-seitig nach völlig überholten Konzepten. Andererseits sind diese Systeme, die man gerne als Altlasten oder neudeutsch Legacy-Systeme bezeichnet, leider für den Betrieb unverzichtbar und können nicht einfach abgelöst werden. Die IT-Abteilungen befinden sich daher in dem Dilemma, daß ihre Kapazitäten seit Jahren durch die Aufrechterhaltung des Betriebs, vor allem inklusive zahlloser notwendiger Anpassungen, gebunden sind und für grundlegende Erneuerungen oder gar der Implementierung von Geschäftsinnovationen keine Zeit bleibt. Dabei verursacht nicht nur das Internet neue Anforderungen, in der jüngeren Zeit gab es die Umstellungen zur Einführung des Euro, zur Beseitigung des Jahr-2000-Problems und die Einführung einer internationalen Wertpapierkennziffer. Nicht zu vernachlässigen sind auch die gestiegenden internen Informationswünsche, etwa der Aufbau von Management-Informationssystemen.

In einer Studie, die das debis Systemhaus gemeinsam mit der Hochschule für Bankwirtschaft erstellt hat, brachten 95 Prozent der befragten IT-Manager ihre Sorge zum Ausdruck, daß sich trotz ständig steigender Budgets für die Informationsverarbeitung die Situation in den nächsten Jahren nicht wesentlich verbessern werde [WöMo00].

Die Zukunft der Bankinformatik wird vor allem von der Zusammenarbeit mit externen Partnern geprägt sein. Anstelle von Eigenentwicklungen, die über kurz oder lang zu schwer wartbaren Altsystemen werden, werden die Banken verstärkt auf Standardprodukte setzen. Wichtig hierbei sind allerdings klar definierte Schnittstellen, die es erlauben, verschiedene Module zu integrieren und zukünftige Erweiterungen zulassen.

Eine besondere Aufmerksamkeit kommt in diesem Zusammenhang dem Software-Hersteller SAP und seinen Produkten zu. Zur Zeit setzt ein Viertel der deutschen Banken bereits Software von SAP ein, so daß die Installation zusätzlicher Module aus diesem Hause sinnvoll erscheint. Andere wichtige Technologien, denen eine zentrale Bedeutung beigemessen wird, sind die plattformübergreifende Programmiersprache Java von Sun Microsystems, insbesondere deren sogenannte Enterprise Edition, die Komponentenschnittstelle CORBA und das universelle Datenaustauschformat XML.

Eine weitere Möglichkeit zur Entlastung der eigenen IT-Kapazitäten liegt im Outsourcing, also der Vergabe von Aufgaben an Dienstleistungsunternehmen. Gerade im Bankenbereich, wo sehr hohe Anforderungen an die Datensicherheit gestellt werden, ist hierbei jedoch darauf zu achten, daß die Bank weiterhin in der Lage ist, die Einhaltung entsprechender Standards zu erzwingen.

Neuentwurf der Bankinformatik

Aufgrund der in den letzten Jahren stetig gestiegenen Anforderungen an die informationsverarbeitenden Systeme der Banken kommen diese nicht mehr länger an tiefgreifenden Änderungen ihrer IT-Systeme vorbei. Es wird sich die Tendenz zum Outsourcing und zum Einsatz von standardisierten Komponenten verstärken, weil die Pflege eines größtenteils selbstentwickelten Systems nicht mehr durchführbar wird.

Kapitel 7

Fazit

E-Commerce ist ein strategischer Erfolgsfaktor und Wachstumsmotor für die nächsten Jahre. In Verbindung mit mobilen Anwendungen, zum Beispiel nach Einführung von UMTS, werden eine hohe Anzahl von Kunden erwartet. Eine Studie von Datamonitor geht von 21,5 Mio. Kunden in Europa aus, die Bankgeschäfte über ihr Handy abwickeln. Diese Entwicklung führt nicht nur zu neuen Geschäftschancen, sondern trägt auch zu einer deutlichen Senkung der Transaktionskosten bei. Nach letztem Erkenntnisstand kann eine E-Commerce-Strategie, die einen ganzheitlichen Ansatz verfolgt, für Banken einen entscheidenden Wettbewerbsvorteil bringen.

Der Auftritt des einzelnen Kreditinstituts sollte dabei nicht auf die Darstellung von Inhalten beschränkt bleiben. Wichtig ist auch die Repräsentation einer Corporate Identity, so daß über alle Vertriebskanäle einer Bank eine wiedererkennbare Erlebniswelt für den Kunden ermöglicht wird, als Basis für eine höhere Kundenbindung. Besondere Bedeutung kommt auch dem Ausschöpfen einer Marke im Internet zu. Studien haben ergeben, daß eine etablierte Marke eine höhere Internet-Akzeptanz aufweist. E-Commerce ist somit die Integration des Vertriebswegs Internet in die Multikanalstrategie. Das bedeutet eine Vernetzung und Abstimmung aller Systeme in der Bank über jeden Vertriebskanal [Moser01]. Eine Selbskannibalisierung durch Online-Finanzprodukte ist besser, als würde man Kunden an andere Unternehmen verlieren.

Für die IT in Großbanken ist es wichtig, daß es für jedes Produkt eine modulare Applikation gibt und die Schnittstellen im Front-End und im Back-End standardisiert sind. Das Front-End für das Internet soll eine einheitliche, gut strukturierte und intuitiv navigierbare Oberfläche sein, in der die einzelnen Produkte modular eingefügt und abgetrennt werden können. So wird der Umstand vermieden, bei Hinzunahme eines neuen Produktes für jeden Vertriebskanal eine eigene Applikation erstellen zu müssen, denn das sogenannte Time-to-Market ist im Informationszeitalter besonders wichtig geworden. Eine getrennte Softwareentwicklung pro Vertriebskanal kostet zu viel Zeit.

Die Bank mit Zukunft hat sich auf ihre Kernkompetenzen zu konzentrieren. Dies führt zu einer Reduktion der Wertschöpfungstiefe, zum Aufbau von Kompetenznetzwerken und zu einem personalisierten Kundenmanagement. Eine Bank kann darüber hinaus als Informationsbroker auftreten über spezialisierte Netzwerke in einer horizontalen und vertikalen Disaggregation. Bedingt durch die streng hierarchische Strukturierung der klassischen Universalbank, fällt eine Flexibilisierung schwer. Dies gilt es zu überwinden [Sokol01, F. 36].

Abschließend bleibt zu bemerken, daß entgegen der Vorhersagen technologieorientierter Visionäre das Bankensystem weiter existieren wird und auch das Filialnetz nicht verschwindet. Eine rein automatisierte Kundenbetreuung wird es auch in Zukunft nur für Routineaufgaben geben, die Servicekomponente wird dadurch nicht zuückgedrängt werden. Durch die Differenzierung der Filialen und bessere technische Unterstützung der Bankmitarbeiter wird vielmehr das Dienstleistungsangebot erhöht. Dies ist im schärfer gewordenen Wettbewerb um mündiger gewordene Kunden auch notwendig.

Anhang A

Entwicklung des Internets

Das Internet nimmt im Bereich der Netzwerktechnologien einen Sonderstatus ein, da es von seiner Entstehung her als Rechnerverbund und nicht als Kommunikationsnetz entworfen wurde. Erst mit der Einführung des Datenübertragungsstandards TCP/IP im Jahre 1983 und der Einführung des World Wide Web (1989) als architektonisches Rahmenwerk für den Zugriff auf verteilt gespeicherte, miteinander verknüpfte Dokumente wurde es zu dem Netz, das die proprietären Standards der verschiedenen Softwarehersteller überwinden konnte. Nachdem auf diese Weise die Verbindung heterogener Rechnerplattformen möglich geworden war, wurde das Internet zum Prototyp der globalen Informationsinfrastruktur [Little96, S. 34-36].

Der große Nutzen des Internet ergibt sich aus dem Netzwerkeffekt. Hiermit werden die Auswirkungen der Teilnahme von Personen an einem Netzwerk auf die anderen Teilnehmer bezeichnet. Der Wert solcher Netzwerke steigt mit jedem zusätzlichen Nutzer – und zwar für jeden bereits bestehenden Nutzer [Merz99, S. 83]. Nach dem Gesetz von Metcalf [GrSi99, S. 301] nimmt der Nutzen eines Netzproduktes dabei quadratisch zu der Anzahl der Benutzer zu.

Und in der Tat steigen die Nutzerzahlen des Internets rasant an. Auch wenn manche darin noch kein Massenmedium sehen, so ist es doch auf direktem Weg, eines zu werden, wie die Zahlenreihe in Tabelle A.1 belegt.

Internetnutzer	in Deutschland	weltweit
September 1997	4	74
Oktober 1998	7,3	147
September 1999	9,9	201
November 2000	20,1	407

Tabelle A.1: Anzahl der Internetnutzer
Die Nutzerzahlen steigen rasant an [nua]. Somit ist das Internet auf dem Weg zum Massenmedium.

Während das Internet in seinen Anfängen ausschließlich als Informationsmedium genutzt wurde, werden heute auch wirtschaftliche Transaktionen darüber abgewickelt. Das Volumen der über das Internet getätigten Geschäfte wächst dabei rapide an, und es herrscht Einigkeit darüber, daß das Potential auf diesem Gebiet noch nicht ansatzweise ausgeschöpft ist. Eine Prognose über die zukünftige Entwicklung läßt sich in Tabelle A.2 ablesen.

weltweite Umsätze im E-Commerce	in Mrd. USD
1994	0,008
1995	0,436
1996	2,9
1997	21,8
1998	73,9
1999	180
2000	377
2001	717
2002	1234

Tabelle A.2: Weltweite Umsätze im E-Commerce

Während das Internet in seinen Anfängen ausschließlich als Informationsmedium genutzt wurde, werden heute auch wirtschaftliche Transaktionen darüber abgewickelt. Das Volumen der über das Internet getätigten Geschäfte wächst dabei rapide an. Die Zahlen entstammen einer Studie von ActivMedia [nua].

Anhang B

Digitale Signaturen

Entscheidend für die weitere Entwicklung des E-Commerce ist die Einführung einer juristisch anerkannten elektronischen Unterschrift, der digitalen Signatur. Auf diese Weise können rechtswirksame Dokumente in elektronischer Form erstellt und verarbeitet werden. Notfalls kann dann die Erfüllung von im Online-Verfahren zugesicherten Leistungen gerichtlich eingefordert werden. Im Gegensatz dazu hat eine unsignierte Bestellung per Email, wie sie heute üblich ist, vor Gericht wenig Beweiskraft.

B.1 Voraussetzungen sicherer Transaktionen

Mit Hilfe kryptographischer Techniken, wie digitalen Signaturen, sollen vier wesentliche Anforderungen an den Nachrichtenaustausch erfüllt werden, ohne die keine sichere Transaktion (in der realen, wie in der virtuellen Welt) durchgeführt werden kann [Buch01]:

Wichtig ist die Feststellung der *Identität* der Kommunikationspartner. Hierzu bedient man sich in der realen Welt meist der eigenhändigen Unterschrift, im Internet soll an ihre Stelle die digitale Signatur treten.

Die *Integrität* der Nachricht muß sichergestellt werden. Dies bedeutet, daß der Empfänger feststellen kann, ob die ihm vorliegende Nachricht genau so vom Absender erzeugt wurde. Mit anderen Worten muß eine Verfälschung des Inhalts durch Übertragungsfehler oder Manipulation ausgeschlossen werden.

Für rechtlich bindende Dokumente ist das Prinzip der *Verbindlichkeit* notwendig. Es darf keinem der Unterzeichner nachträglich möglich sein, die Authentizität seiner Unterschrift abzustreiten.

Für bestimmte Vorgänge ist die *Vertraulichkeit* der Nachrichtenübermittlung notwendig, so daß es unbefugten Dritten unmöglich gemacht wird, den Inhalt der Nachricht zu erkennen. Gerade bei der Übertragung von Daten über offene Netze, wie dem Internet, ist dies eine berechtigte Forderung.

B.2   Arbeitsprinzip digitaler Signaturen

Digitale Signaturen bauen auf dem Prinzip der Public-Key-Kryptographie auf. Hierbei erhält jeder Teilnehmer einen privaten Signierschlüssel und einen dazu passenden öffentlichen Schlüssel. Mit Hilfe des privaten Schlüssels kann er Dokumente digital signieren, durch den öffentlichen Schlüssel können diese Signaturen überprüft werden.

Eine andere, von digitalen Signaturen zu unterscheidende Aufgabe der Public-Key-Kryptographie ist die Datenverschlüsselung zu Übertragungszwecken. Hierbei wird ein öffentlicher Schlüssel zur Verschlüsselung eingesetzt, und die Nachricht kann dann nur mit dem privaten Schlüssel wieder sichtbar gemacht werden. Während es bei der Signatur also darum geht, die Identität des Absenders zu beweisen, kommt es bei der Verschlüsselung darauf an, den Empfänger festzulegen.

Aufgrund mathematischer Eigenschaften ist es sichergestellt, daß der private Schlüssel nicht aus dem öffentlichen Schlüssel errechnet werden kann, obwohl zwischen den beiden eine eindeutige Korrespondenz besteht. So wird es möglich, daß der öffentliche Schlüssel verbreitet werden kann und nur der private Schlüssel geheimgehalten werden muß. Hierin liegt der Vorteil gegenüber der klassischen (Private-Key-) Kryptographie, in der kein solcher öffentlicher Schlüssel existierte, was das Schlüsselmanagement erschwert und Signaturen gänzlich unmöglich macht (zur Datenverschlüsselung ist die klassische Kryptographie aber natürlich in der Lage).

Ein Grundproblem, das allein mit mathematischen Verfahren nicht gelöst werden kann, ist die Zuordnung der öffentlichen Schlüssel zu ihren Besitzern. Hier muß zumindest eine vertrauenswürdige Instanz existieren, bei der diese Zuordnung bekannt ist, so daß deren digitale Signaturen akzeptiert werden können. Diese Instanz erzeugt dann Zertifikate über die Zugehörigkeit von öffentlichen Schlüsseln zu bestimmten Personen und signiert diese. Dabei hat sie die Aufgabe, die Identität des Zertifikatsempfängers tatsächlich auch zu überprüfen, beispielsweise durch Vorlage von Personalausweisen. Mit Hilfe der Zertifikate kann sich ein Teilnehmer dann digital ausweisen, und seine Unterschriften werden ebenfalls akzeptiert.

B.3   Das deutsche Signaturgesetz

Um den elektronischen Schriftverkehr auf eine sichere rechtliche Grundlage zu stellen, hat der Deutsche Bundestag Ende 1997 ein Signaturgesetz erlassen. Im Rahmen einer seitdem erfolgten Evaluierung und zur Harmonisierung der Rechtsvorschriften innerhalb der Europäischen Union hat das Gesetz Anfang 2001 eine Novellierung erfahren.

Das Gesetz zur digitalen Signatur (SigG) ist Teil des als „Multimediagesetz" bekannten Gesetzes zur Regelung der Rahmenbedingungen für Informations- und Kommunikationsdienste (IuKDG). Zum Signaturgesetz gehören weiterhin

- die Signaturverordnung (SigV), die Einzelheiten zum Betrieb der Zertifizierungsstellen regelt, sowie technische Anforderungen an digitale Signaturen festlegt. Auf diese Weise wird das Signaturgesetz selbst von solchen Detailfragen freigehalten.

- die Maßnahmenkataloge zum Signaturgesetz, die von der Regulierungsbehörde für Telekommunikation (RegTP) herausgegeben werden.

- die vom Bundesamt für Sicherheit in der Informationstechnik (BSI) herausgegeben Spezifikationen zur Entwicklung interoperabler Verfahren und Komponenten nach SigG/SigV, sowie eine Liste der geeigneten Kryptoalgorithmen.

Elektronische Dokumente, die den Anforderungen des Signaturgesetzes genügen, werden damit in den meisten Fällen der Schriftform, wie sie in den herkömmlichen Gesetzestexten auftaucht, gleichgestellt.

B.4 In Deutschland zugelassene Zertifizierungsstellen

In Deutschland dient die Regulierungsbehörde für Telekommunikation als Wurzel einer zweistufigen Zertifizierungshierarchie. Das bedeutet, daß die RegTP den zugelassenen Zertifizierungsstellen Signaturzertifikate ausstellt, so daß diese wiederum Signaturschlüssel an Endkunden ausgeben können.

Im Mai 2001 waren folgende Institutionen als Zertifizierungsstellen zugelassen:

- Produktzentrum TeleSec der Deutschen Telekom AG

- Deutsche Post eBusiness GmbH, Geschäftsfeld Signtrust

- Bundesnotarkammer

- DATEV eG Nürnberg

- Medizon AG Berlin

- Steuerberaterkammer Nürnberg

- Steuerberaterkammer Saarland

- Hanseatische Steuerberaterkammer Bremen

Anhang C

Abkürzungsverzeichnis

CEPT *Conférence Européenne des Administrations des Postes et des Télécommunications.* Standard der gleichnamigen Behörde für die buchstabenorientierte Bildschirmdarstellung im BTX-Netz der Deutschen Telekom.

CORBA *Common Object Request Broker Architecture.* Standard, der die Interoperabilität von Softwarekomponenten in heterogenen Umgebungen ermöglicht. CORBA wird von einem Industriekonsortium names Object Management Group (OMB) herausgegeben, an dem über 500 Unternehmen der Softwarebranche beteiligt sind.

CRM *Customer Relationship Management.* Managementstrategie, die sich mit der Auswahl und Pflege von Kundenbeziehungen beschäftigt, mit dem Ziel, den langfristigen Wert des Kunden für das Unternehmen zu maximieren. CRM stellt dabei den Kundennutzen in den Mittelpunkt der unternehmerischen Tätigkeit.

HBCI *Homebanking Computer Interface.* Standard der deutschen Banken zur Kommunikation zwischen Banksystemen und Kundenrechnern. Die Identifizierung der Kommunikationspartner geschieht durch digitale Signaturen. Es gibt dabei sowohl chipkarten-gestützte Implementierungen, als auch reine Softwarelösungen. HBCI ermöglicht Online-Banking über offene Netze und überwindet die bisherige Abhängigkeit vom CEPT-Standard.

BTX *Bildschirmtext.* 1984 von der Deutschen Telekom eingeführter Vorläufer von T-Online. BTX basierte auf einem proprietärem Datennetz und dem CEPT-Standard zur zeichenorientierten Bildschirmdarstellung.

B2B *Business-To-Business.* Teilgebiet des E-Commerce, das sich mit Geschäftsvorgängen zwischen Unternehmen beschäftigt.

B2C *Business-To-Consumer.* Teilgebiet des E-Commerce, das sich mit Geschäftsvorgängen zwischen Unternehmen und Privatpersonen beschäftigt.

BSI *Bundesamt für Sicherheit in der Informationstechnik.*

EDI *Electronic Data Interchange.* Standardisiertes Datenformat für den Punkt-zu-Punkt-Austausch von Geschäftsdaten über Computer-Netzwerke. EDI wird seit Jahren vor allem von Großunternehmen ausgiebig genutzt. Dabei haben sich in verschiedenen Ländern und Branchen zahlreiche unterschiedliche EDI-Formate herausgebildet.

IuKDG *Informations- und Kommunikationsdienstegesetz.*

PIN *Persönliche Identifikationsnummer.* Die PIN dient bei der Benutzung von Chipkarten, Kreditkarten, Eurochequekarten, Geldkarten und beim Online-Banking der Benutzeridentifikation. Kann durch Einführung digitaler Signaturen obsolet werden.

RegTP *Regulierungsbehörde für Telekommunikation und Post.*

SCHUFA *Schutzgemeinschaft für allgemeine Kreditsicherung.* Gemeinschaftseinrichtung von Wirtschaftsunternehmen, die ihren Kunden Geld- oder Warenkredite einräumen. Ziel der SCHUFA ist es, ihre Vertragspartner vor Kreditausfällen zu schützen. Hierzu speichert die SCHUFA personenbezogene Daten zur Kreditwürdigkeit und stellt sie ihren Mitgliedern zur Verfügung.

SET *Secure Electronic Transaction.* Verfahren zur sicheren Abwicklung von Kreditkartenzahlungen über das Internet. Entwickelt von IBM, Microsoft, Netscape, Visa, Mastercard und anderen.

SigG *Gesetz zur digitalen Signatur.*

SigV *Verordnung zur digitalen Signatur.*

SMS *Short Message Service.* Weit verbreites System zum Versenden kurzer Textnachrichten zwischen Mobiltelefonen.

SSL *Secure Socket Layer.* Ermöglicht die sichere Datenübertragung im World Wide Web durch Verschlüsselung der Datenpakete. Setzt direkt auf TCP/IP auf. Eine Identifizierung der Kommunikationspartner ist ebenfalls möglich.

TAN *Transaktionsnummer.* Wird beim Online-Banking im PIN/TAN-Verfahren zusätzlich zur PIN benötigt, um bestimmte sicherheitskritische Transaktionen zu autorisieren. Dabei wird dem Benutzer vorab eine Liste von TAN zugestellt, die jeweils nur einmal zu verwenden sind.

TCP/IP *Transmission Control Protocol / Internet Protocol* Das im Internet verwendete Kommunikationsprotokoll. Es ermöglicht den Transport von Datenpaketen zwischen zwei an das Internet angeschlossenen Rechnern.

T-Online Proprietäres Datennetz der Deutschen Telekom AG mit 8,7 Millionen Teilnehmern (erstes Quartal 2001).

UMTS *Universal Mobile Telecommunications System.* Neuer Mobilfunkstandard, der in den nächsten Jahren zum Einsatz kommen wird. Durch eine deutlich höhere Datenübertragungsrate werden sich mobilen Endgeräten neuartige Anwendungsgebiete erschließen.

WAP *Wireless Application Protocol.* Kommunikationsprotokoll zur Anbindung von Mobiltelefonen an Internetdienste

WWW *World Wide Web.* Interaktives Informationssystem, das auf dem Austausch sogenannter Hypertext-Dokumenten beruht, die beliebig miteinander verknüpft sein können. Es erlaubt die einfache, ständig aktualisierbare und kostengünstige weltweite Veröffentlichung nahezu beliebiger Inhalte. Das WWW ist eine der erfolgreichsten Anwendungen des Internets und hat entscheidend zu dessen Verbreitung beigetragen.

XML *Extensible Markup Language.* Standard zum plattformübergreifenden Austausch strukturierter Daten. Viele neue Anwendungen verwenden XML anstelle der bisher üblichen proprietären Formate.

Literaturverzeichnis

[BdtB00a]   BUNDESVERBAND DEUTSCHER BANKEN, http://www.bdb.de: *Blitz Demoskopie – Internet/Online-Banking/E-Commerce*, Oktober 2000.

[BdtB00b]   BUNDESVERBAND DEUTSCHER BANKEN: *E-Commerce als Bankdienstleistung*. Reihe „Daten, Fakten, Argumente", 2000.

[BMWi01]   *Mehr Sicherheit im elektronischen Zahlungsverkehr durch FairPay*. http://www.bmwi.de/Homepage/Presseforum/pressemitteilungen /2000/0510prm1.jsp , 10.05.2000, Abruf am 04.05.2001.

[Borch00]   M. BORCHARDT: *Die börsennotierten deutschen Großbanken*. http://www.oeko-research.de/analysen/deutsche_bankenbranche.htm, Abruf am 10.06.2001.

[Buch01]   J. BUCHMANN: *Einführung in die Kryptographie*. Springer Verlag, zweite Auflage, 2001.

[Büsch98]   H. E. BÜSCHGEN: *Banken im Wandel*. Mitteilungen und Berichte des Instituts für Bankwirtschaft und Bankrecht an der Universität zu Köln Abteilung Bankwirtschaft, Ausgabe 79, 1998.

[Damb01]   H. DAMBECK: *Prepaid-Karte fürs Web*. c't, Ausgabe 12, 2001.

[Donat01]   A. DONATH: *Zahlungssystem für Handys geht an den Start*. http://www.golem.de/0005/7670.html, 12.05.2000, Abruf am 04.05.2001.

[DoOs01]   A. DOMBRET UND C. OSSIG: *Die Luft für reine Online-Broker ohne Anbindung an Bankfilialen wird dünner*. FAZ vom Mo. 11.06.2001.

[GrSi99]   J. GRIESE UND P. SIEBER: *Electronice Commerce*. Werd Verlag, 1999.

[HäPeSt00]   H. HÄCKELMANN, H. J. PETZOLD, S. STRAHRINGER: *Kommunikationssysteme - Technik und Anwendungen*. Springer, 2000.

[HeSa99]   A. HERRMANNS UND M. SAUTER: *Management-Handbuch Electronic Commerce*. Vahlen, 1999.

[Högerl01]   I. HÖGERLE: *Portale in die Zukunft*, 2. Auflage 2001.

[Kuhli01]   KUHLI, M.: *Banken aktiv im M-Commerce*. e-Business, Ausgabe 8, Seite 9, 2001.

[Little96]   ARTHUR D. LITTLE: *Management im vernetzten Unternehmen*. Gabler, 1996.

[Mefe00]   H. MEFFERT: *Marketing - Grundlagen marktorientierter Unternehmensführung*. Gabler, neunte, überarbeitete und erweiterte Auflage, 2000.

[Menk01]   M. MENK: *Portale und was Sie aus rechtlicher Sicht beachten sollten*. Portale und Marktplätze im E-Business. EUROFORUM Konferenz, Februar 2001.

[Merz99]   M. MERZ: *Electronic Commerce - Marktmodelle, Anwendungen und Technologien*. dpunkt.verlag, 1999.

[Moser01]   F. MOSER: *Ende des E-Commerce?*, 2. Auflage 2001.

[nua]   Nua Internet Surveys, http://www.nua.ie.

[Picot91]   A. PICOT: *Ein neuer Ansatz zur Gestaltung der Leistungstiefe*. Zeitschrift für betriebswirtschaftliche Forschung, Jg. 43, S. 336–357, 1991.

[Sokol01]   Z. SOKOLOWSKY: *IT in Unternehmen der Kreditsysteme*, 2001. Vorlesung an der TU Darmstadt im Wintersemester 2000/2001.

[SACP99]   B. SKIERA, S. ALBERS, M. CLEMENT UND K. PETERS: *eCommerce*. F.A.Z.-Institut, 1999.

[StLeSt01]   R. STÖLZLE, K. LEIBOLD UND K. STROBORN: *Internet-Zahlungssysteme aus Sicht der Verbraucher – Ergebnisse der Online-Umfrage IZV4*. http://www.iww.uni-karlsruhe.de/IZV4/auswertung/studie.html , Abruf am 10.06.2001.

[Wings99]   H. WINGS: *Digital Business in Banken*. Gabler, 1999.

[WöMo00]   J. MOORMANN UND D. WÖLFING: *Wer suchet, der findet*. Diebold Management Report, Ausgabe 6, S. 8–11, 2000.

[Zerdi01]   A. ZERDICK ET AL.: *Die Internet-Ökonomie - Strategien für die digitale Wirtschaft.* Springer, 3. erweiterte und überarbeitete Auflage, 2001.